Barbara Messer

Trauerbotschaften

Barbara Messer

Trauerbotschaften

Edition Forsbach

Bibliografische Information der Deutschen Nationalbibliothek
Die Deutsche Nationalbibliothek verzeichnet diese Publikation in der Deutschen Nationalbibliografie; detaillierte bibliografische Daten sind im Internet über http://dnb.d-nb.de abrufbar.

Edition Forsbach
Bücher mit Herz

www.edition-forsbach.de

Printed in Germany
ISBN 978-3-95904-246-8

Für Bri

„Nur wer das Licht auslöscht,
gewahrt im Fensterviereck die Tiefe der Sternennacht.“
(aus Japan)

Dieses Zitat leitet mich seit dem Tod meiner Mutter durchs Leben. Damals dachte ich, dass das Licht in meinem Alltag ausgeht, wenn meine geliebte Mutter stirbt.

Und doch,
im Angesicht ihrer Endlichkeit
begann ich noch einmal mehr zu verstehen,
dass wir diese Zeiten der Einkehr und Dunkelheit brauchen.

Tod und Trauer brauchen Zeit und Tiefe.

Darum geht es in diesem Gedichtband.

Dieser Winter

Dieser Winter
war ein langer Winter,
ein dunkler Winter,
zu dessen Ende
das Licht wieder hervorkam.
So verlässlich wie die Schneeglöckchen,
die sich jedes Jahr im Februar wieder durch
den kalten Boden nach oben drücken.

Es war ein Winter,
der anfangs kein Ende nehmen wollte.
Mein Herz schien zu zerbrechen.
Und meine Kraft schien nicht zu reichen.
Es galt so viel zu bewältigen.
Es galt so viel zu schaffen,
zu wenden,
zu erkennen,
zu heilen,
zu schützen.

Und es war ein Winter des Wandels,
des Muts, der Einkehr und der Liebe.

Dieses Buch ist für dich, liebe Bri.
Du warst meine Insel,
mein Zuhause,
meine allerbeste Freundin und Gefährtin.
Ohne dich
wären die letzten Monate anders gewesen.

Ohne dich ist diese Welt eine andere.
Und mit dir auch.

Danke für das Geschenk
unserer
reifen Freundschaft.

Wer eine Freundin wie dich hat,
darf sich glücklich schätzen.

Das gelebte Leben ist der beste Lehrmeister.

Inhalt

Einführung

Der Tod gehört seit jeher zu mir, denn als Altenpflegerin habe ich natürlich sehr viel mit dem Tod zu tun gehabt. Viele Menschen sind friedlich in meiner Gegenwart gestorben. Mutter und Vater habe ich bereits verabschiedet. Manch anderen besten Freund ebenfalls.

Im August 2023 begann eine neue Dimension von Trauer in meinem Leben, als mein bester Freund und Kollege starb. Nicht unerwartet, dennoch ein Ereignis, welches mein Leben stark veränderte.

Kurz darauf starb meine Katze, meine treue Gefährtin und Wegbegleiterin. Nach einer kummervollen Nacht und einem reichen Leben voller Abenteuer entschloss ich mich am 29. August, sie einschläfern zu lassen. Sie liegt nun ganz oben in Skagen in den Dünen. Die Federn auf dem Titelbild schmückten ihr Grab, welches Josef für sie aushob.

Ein Dienst der Anmut, der Liebe und der Treue.

Ihr Tod reiht sich ein in diesen Herbst und Winter voller Abschiede und anstehender Trauer.

Der schmerzlichste davon war der meines damaligen Gefährten Josef.

Der Abschied von ihm und die Verarbeitung seines doch recht traumatischen und plötzlichen Todes sowie all die Trauer- und Abschiedsrituale und Gedanken haben mich reifen lassen.

Mit meinen Trauerbotschaften möchte ich den Menschen Trost geben, die auch einen geliebten Menschen an den Tod verloren haben.

Dieses Buch ist in den Zeiten der Trauer geschrieben und endet im Beginn des Frühlings, der mir mit allen seinen Facetten wieder Hoffnung gibt und Lust aufs Leben schenkt. Darin sehe ich die Bestätigung, dass mein Weg der Trauer ein guter Weg war.

An der einen oder anderen Stelle teile ich Aspekte meiner Trauer, vielleicht helfen sie oder geben wertvolle Antwort auf Fragen, die sich erst noch formieren.

Ich widme dieses Buch meiner Freundin Bri, denn sie hat mich in diesen Wochen auf eine Art begleitet, dass ich immer wieder in die Erkenntnis, Demut und Dankbarkeit gehen konnte. Sie ist wundervoll.

Mit all diesen Worten setze ich ein Zeichen, dass tiefe Trauer heilt. Sie kann uns beschenken, wenn wir sie nicht fürchten, sondern als notwendigen Prozess einer ganz persönlichen Transformation ansehen. Am Ende stehen Demut, Dankbarkeit und Ehrfurcht. Und eine Liebe, die um ein Vielfaches aus uns selbst herauskommt.

Ich wünsche Dir, liebe Leserin, lieber Leser, Trost und Liebe für die Zeit der Trauer.

Die Toten möchten, dass wir glücklich sind.

Barbara, im März 2024

Steh nicht weinend an meinem Grab,
ich bin nicht dort unten,
ich schlafe nicht.
Ich bin tausend Winden,
die weh'n,
ich bin das Glitzern der Sonne im Schnee,
ich bin das Sonnenlicht auf reifem Korn,
ich bin der sanfte Regen im Herbst.

Wenn du erwachst in der Morgenfrühe,
bin ich das schnelle Aufsteigen der Vögel
im kreisenden Flug.
Ich bin das sanfte Sternenlicht in der Nacht.

Steh nicht weinend an meinem Grab,
ich bin nicht dort unten,
ich schlafe nicht.

Du kannst mich nur nicht mehr sehen,
nicht mehr berühren.
Aber ich werde immer da sein, egal wo du bist.

Werde der Wind sein, der zärtlich
durch dein Haar streicht –
der Regen, der sanft deine Haut berührt –
der Regenbogen am Horizont,
der dir die schönsten Farben schenkt –
die Sonne, die dich wärmt und mit dir lacht –
der Duft von Sommer, den du einatmest –
die Erde, auf der du gehst –
die Nacht, in der ich für dich
die Sterne erstrahlen lasse –

der Tag, der dir tausend Überraschungen bringt –
die Hoffnung, die dich trägt, wenn du traurig bist –
dieses Gefühl, was in dir ist, wenn du glücklich bist.

Du kannst mit mir reden, ich werde dich immer hören –
oder einfach weinen, dann nehm ich dich in meinen Arm
und du wirst dich frei fühlen.

Ich werd über deinen Schlaf wachen und dir wundervolle
Träume schenken.

Du brauchst keine Angst haben, wenn du daran glaubst –
du bist niemals allein,
weil ich immer da sein werde –
wenn du an mich denkst, so wie ich an dich denke!

Diese Worte der Lakota Indianer trösten im Schmerz um den geliebten Menschen.

Sie waren auch mir ein großer Trost.

In den Wochen und Monaten nach dem plötzlichen Tod meines Gefährten Josef wurde es meine Aufgabe, meinen Schmerz und Kummer in Dankbarkeit, stete Liebe und Verbundenheit sowie Freude über das Geschenk unserer Liebe umzuwandeln.

Diese Worte, die mir eine Freundin sandte, haben mich getröstet und geleitet. Sehr oft habe ich diese Zeilen laut gesprochen.

Es ist Frieden im Haus

Still liegst du da.
Ein Lächeln auf deinem Gesicht.
Unerschütterlich,
unendlich.

Alle Zeit
möge Friede werden.
Die Uhr steht still.
Der Taktschlag ändert sich.

Wir Frauen sind um dich.
Frau und Freundinnen.
Ehren deinen Abschied.

Dich.
Das Gewesene.
Diesen Moment und all die davor.
Und
das Kommende.

Der Versuch,
das Geschehene
mit dem Aufstellen
von Kerzen zu erhellen,
dein Leben zu würdigen,
zurückzuholen,
zu achten,
mag vielleicht gelingen.

Wir lassen sie brennen,
sehnen uns nach Liebe,
Vertrauen und Segen,
nach einem Wunder.

Dein Anblick ist einzigartig.
Unvergesslich.
Das Lächeln
auf deinem Gesicht
gibt Hoffnung,
dass alles gut ist.
Göttlich. Ewiglich. Getragen.

Ich blicke zurück.
Unsere Geschichte ist reich.
Du selbst schenkst uns Kraft, ohne dich weiterzuleben.

Gott legt seine Hände auf unsere Schultern
und tröstet uns.
Wir halten.
Zusammen.
Den Raum.
Dich im Wandel.

Mein bester Freund ist im August gestorben. Ich hatte das große Geschenk, ihn aufgebahrt zu Hause erleben zu dürfen.

Es tat so gut, den tiefen Frieden in seinem Gesicht und in seinem Hause zu spüren.

Ich atme nicht

Wenn,
dann stille.
Kaum merklich.

Dein endliches Antlitz
brennt sich in mein Gemüt.
Wäre ich du,
wäre ich bei mir.
Oder ich bei dir.

Lange reicht meine Liebe
über deinen Tod hinaus.
Sicher bin ich.

Ich falle
in den ewigen Sog des Schmerzes
und
spüre deine alte, weise Seele
nah.

Und
breche,
zerbreche,
innerlich,
dennoch
Stück für Stück.
Mit allem,
was da mit dir war.

Ich ahne nicht,
noch nicht,
wie groß es werden wird,
diesen Schmerz
anzunehmen
und
mich
mit ihm zu arrangieren.

Ich gehe hinein,
in das dunkle Tal
der ersten Tränen.

29. November 2.46 Uhr

Das ist das erste Gedicht nach dem Tod von Josef. In der Nacht noch fuhr ich zu einer Freundin, schlief bei ihr und versuchte, mit diesen Zeilen einzuschlafen.

Die Trauer beginnt

Ich möchte zu dir,
schreit jede Faser meines Seins.
Seit Monaten.
Seit Wochen.
Sehne ich deine Haut.
Ich rufe dich
und
diese eine Ruhe,
in der ich still sein darf.
Im Gedenken deiner.
Ich bin da.
Über alles hinaus.

Ich weiß.
Am Ende des Schmerzes,
der mich zu zerreißen scheint,
wohnst du.
Mit all der Heimat,
nach
der wir
uns
jemals sehnten.
Und nun.
Definiere ich neu.
Ich muss.
Du kommst nicht wieder.
Eine Antwort gibt es später.
Vielleicht.

Die ersten Nächte

Die ersten Nächte
ohne dich
lassen mich ahnen,
wie groß und
allumfassend diese Trauer
in diesem Winter noch werden wird.

Du kommst nicht zurück.
Bist weg.
Zukunft ohne dich.

Mit jedem Atemzug
suche ich dich
neben mir.
Wie meine Hände deinen Körper.
Und meine Haare deinen nächtlichen Schopf.

Alleine.
Jede Nacht.
Sterne. Winter. Mond.
Ohne dich.

Kein Schnee

Kein Essen,
keine Postings darüber.
Die üblichen Banalitäten sind weg. Verflogen.
Keine tollen Statusmeldungen.

Einhalt. Schock und Starre.

Liebe in Reinform.

Der Tod ist da
und nimmt dich mit.
Von jetzt auf gleich.

Du gehst.
Ohne Koffer in der großen Hand.

Du gehst mit deinem Leben
aus meinem.

Weg. Sofort.
Gestorben.
Kalt werdend.

Meine Küsse auf dein müdes Gesicht.
Ich liebe dich. Ich liebe dich. Ich liebe dich.

Kein Atemzug mehr.
Unvertraut unlebendig liegst du da.

Meine Hand auf deiner meiner geliebten Brust.
Noch warm.

Der Halt deiner Brust schwindet schnell.

Erinnerungen kommen rauschartig.
Still steht der innere Odem.

Kripo wie im Film.
Hubschrauber. Fremde Menschen, die ihr Bestes geben.

Absurdität wird lebendig.
Fassungslosigkeit kehrt ein.

Aus und vorbei.

Mein Herz.
Bricht. Erstarrt.
Weitet sich
mit meiner
unendlichen Liebe
für dich.

Eine neue Aufgabe.
Viel zu früh.
8 Monate für uns.

Die schönste Liebe meines Lebens.
So denke ich jetzt.

Witwe ohne Trauschein.

Kraniche am Himmel.
Die vertrauten Vogelpaare auf dem weiten Feld.
Ich rufe sie um Halt.

Schnell, sehr schnell zeigt sich,
wer da ist und wer nicht.

Heilsam und klärend.
Erfüllend, beschenkend.
Ehrlich.

Mein Telefon wird
zur Nabelschnur
in die Welt.
Wie mit dir.

Aber nun –
Telefonate ohne dich.
Stattdessen über dich.
Und mich.

Geleite durch Worte und Halt.
Plötzlich allein.
Ein stummer Schrei.
Ein Ruf zum Himmel.

Ungeküsst bleibe ich,
mein Geliebter
und halte dir den Raum.

Seit Tagen und in den
schweren Nächten.

Ich stelle mich
unserer Liebe.

Weine und liebe mich
durch Tag und Nacht.

Deine Seele und Liebe
ummantelt mich
auf meinem Weg.

Deine Arme lege ich
im Geiste um mich und sinke
in fremde ungewohnte
Geborgenheit.

Du fehlst.

Ein Leben ohne dich
scheint
unmöglich.

Wird jetzt mein Sein und Tun.

Anmerkung: Dies ist der Text, den ich am 6. Dezember veröffentlichte, eine Woche nach Josefs Tod. Er versucht auszudrücken, was ich in den Stunden nach dem Tode von Josef erlebt habe.

Er starb am Nachmittag im Treppenhaus. Nachbarn fanden ihn, ich war noch am Renovieren und bekam nichts mit. Ein Rettungshubschrauber kam, ein großes Aufgebot. Doch vergeblich. Josef war schon tot. Ich kam dazu und verbrachte dann mehr als 5 Stunden im windigen, schneebetauchten Treppenhaus, weil Josef genau im Hauseingang lag und es plötzlich ein Fall für die Kripo war.

Neben dem Schock, dass Josef tot ist, war das ganze Drumherum sehr dramatisch und sorgte für so etwas wie einen Schock. Dennoch war ich auch in diesen Stunden gut begleitet – meine Familie und Freunde waren telefonisch ganz nah bei mir.

Dein Rabe

Dein Rabe stets
an meiner Schulter.
Krähend.
Sichtbar
in den Bäumen
meiner
neuen Heimat.

Du bist allgegenwärtig.
Mantelst mich ein.
Gibst mir Halt im Herzen
und schickst
mir eben diesen Raben an meine Schulter.
Er fliegt nah bei mir,
still.
Winterlüstern.
Schneesuchend
und
liebevoll
leitet er mich
durch diese Zeit unseres Abschieds.

Er weiß,
wie auch ich,
dass du woanders bist.

Anmerkung: Der Rabe war ein Krafttier von Josef.

Keine Angst zu trauern

Gleich
wie schwarz
das Dunkel
des Kommenden ist.
Und sein wird.

Ich bin bereit.
Trauere mich
durch
Tag und Nacht.
Um Herz und Verstand.

Ich weine.
Beweine alles.
Jederzeit und überall.
Nun im Trost von dir.
Und mir.

Meine Tränen werden zu Küssen
unserer gelebten Anmut,
die der Segen
unserer
allzu kurzen Zeit war.

Geht das?

Kann
ich
dich
und
mich
aus meinem Herzen schreiben?

Reichen
Papier und Tinte
für meine Tränen
und
die stete Sehnsucht?

Hält der Stuhl,
auf dem ich sitze,
für all das Klagen
und
Leid des Kummers?

Ich sammle Worte, bilde Zeilen.
Horche in mich hinein.
Öffne mein Herz für meine Tränen.
Suche Antwort auf dieses Wunder.

Und finde sie.
Genauso.
Hier.

In diesen
und den anderen Zeilen.

Ich bin da!

Ich bin da,
rufe ich durch die Nacht.
Hier. Unten.

Der Himmel ist dunkel.
Die Sterne suchen dich
seit Tagen.

Du bist unterwegs.
Mit dem neuen Gepäck.

Reist zwischen den Sternen
hin und her,
dann wieder zu mir.

Meine geliebte,
nun freie Seele.

Ich zolle dir
meinen Respekt,
dass du deine Reise
jetzt begonnen hast.

Anmerkung: Mir hat die Vorstellung sehr geholfen, dass Josef noch ab und an mit mir sprechen möchte und an den Ort reist, wo er gestorben ist. Denn genau da wohne ich jetzt, während ich das hier schreibe.

Die ersten 7 Tage

Hülle dich in seine Kleidung.
Sprich mit ihm. Oder ihr.
Bahre auf.
Gehe an Heimatorte.
Singe.
Schaffe Geborgenheit für dich.

Hole Hilfe.
Sorge gut für dich.
Koche Suppen.
Schreibe Briefe.
Lass eine Trommel bauen.
Schlafe bei Freunden auf dem Sofa.
Trinke Wasser und mal einen Wein.
Oder auch zwei.

Kläre alte Sachen.
Wirf Überflüssiges weg.
Räume auf. Putze. Wasche.
Stelle Kerzen auf.
Ändere deine Playlist.
Schaffe Rituale.
Telefoniere mit Freunden.

Schreibe Tagebuch.
Kaufe Blumen.
Hilf anderen Menschen.

Liebe weiter.
Tanze – auch wenn du weinst.

Nimm dir Zeit

Nimm dir Zeit für den Abschied.
Jetzt ist keine Eile mehr.

Bleib bei mir sitzen.
Warte, wie ich gehe. Mit allem.

Der Herzschlag bleibt aus.
Der Atem erlischt.

Zeit.
Für ein Danke. Oder mehr.
Für die Lehren und Geschenke.

Nimm dir Zeit
für Demut und die Liebe.

Setz dich zu den Toten und höre
dem Nachhall des Gesagten zu.

Jetzt ist die Zeit der Stille.
Der Liebe und unendlichen Achtsamkeit.

Der Schmerz gleicht einer Felsenwand.
Bleiern. Dunkel.
Hart.

Kein Eingang, kein Ausweg.
Nur Durchdringung. Steine mahlen, Steine beißen.
Noch.

Am Ende der Zeit wird es wieder hell.
Das weiß ich sicher.

Worte

führen mich über die Schwellen
von Tag und Nacht.

Der Schmerz ist mein Gefährte
und reinigt meinen Blick.

Ich schreibe.
Für mich.
Für dich.
Für den, der lesen mag.

Worte sind meine Schritte.
Neu gesetzt auf das Papier.
Wege von innen nach außen.

Stumm werden
die üblichen Überflüssigkeiten
und suchen sich neue Orte.

Wesentliches
kommt klar hervor.

Liebe
erfährt eine neue Konnotation,
reifer denn je.

Meine Hände öffnen sich zum Himmel,
suchen – vergeblich deine – im irdischen.

Du bist weiter als ich.

Siehst mich,
schützend legst du deine Schwingen um mich
und mutest
mir die Tränen zu,
derer ich gerade fähig bin.

Ich häute mich
wieder und weiter,
mehr und mehr.

Gebe auf, lasse los und gehe.
Schritt für Schritt.
Geführt, gehalten und getragen.

Deine bedingungslose Liebe
nährt meine Zuversicht und mein Vertrauen.

Mein Inneres
sortiert sich neu.
Der Fluss des Schmerzes
wird zum neuen Gefährten,
verschmilzt zu Neuem und gibt mir
ein neues Gewand.

Ich ahne, wo du bist.
Ich ahne, wo ich bin.

Meine Liebe wächst.
Zu mir.

Alle Tränen dieser Welt

werden nicht reichen,
das Kleid unserer Liebe neu zu bedecken.

Wie groß sind die Sprünge
in unserem Herzen,
wenn alles zerbricht,
was zuvor
unser Halt
und der Kern
unserer Sehnsucht war.

Ich danke
für das Geschenk,
dir
begegnet zu sein.

Du hast mir deinen Tod zugemutet.
Du durftest das.

Stellst meine Kraft und Liebe auf die Probe.
Und sie gewinnt.
Ich schaffe es. Wachse.

Bisher.
Kein Band war stärker.
Kein Wort heilsamer als deines.

Ich bin nun
übrig.
Zerbreche.

Weit schwingt deine Seele
an meiner Schulter.
Mein ehemaliges Du.

Wie groß
und
weit mag
unsere Ehrfurcht sein,
dass wir
diese unverhoffte Zumutung
annehmen können?

Demut leitet mich weiter.

Ich bleibe noch

Ich bleibe noch
und
ebne dir den Weg,
halte dir die Hand
und
verbinde deine alte Welt.

Kurz war unsere Zeit.
Viel zu kurz.

Prallvoll mit Hoffnung,
Plänen und
gemeinsamen Abenteuern.

Scheinbar ordne
ich nun deine Dinge.
Nicht nur Socken oder Dübel.

Auch die kleinen oder großen
Unwägbarkeiten deiner Zeit.
Menschen. Freunde. Nachlass.

Das klopfende Herz jagt
mich durch manche Nacht.
Es eilt mich durch die Zeit.

Ruhe find ich nicht.

Meine noch,
dass ich sie spüre,
die sich an dir festgebissen haben.

Als müsst ich kämpfen
und einstehen,
für die,
die noch nicht fertig sind mit dir.

Setze
deine Grenzen neu.

Schütze mich.

Deins ist deins.
Und
meins ist meins.

Schlusspunkt.

Meine neue Einsamkeit

In meiner
plötzlich unverhofften Einsamkeit
beginne ich nun,
das Alleinesein
neu zu verstehen.

Höre dich leise flüstern,
ganz nah an meinem Nacken.
Es weckt die Bilder deiner
nächtlichen Gegenwart.

Statt deiner
wird mein eigenes Weinen
zum nächtlichen Begleiter
durch die dunklen Stunden.

Meine Worte
ohne deinen Nachhall.
Meine Fragen ohne Antwort.
Von dir.

Ich suche
mich auf den Wegen eines Lebens
ohne dich.
Häute mich im Rückblick.
Rolle mich durch die Sehnsucht
nach Liebe und Leben.

Und finde mich.
In allem.

Aufräumen

Getrost in der Innenschau,
neue und bekannte Fundstücke in den Händen.

So klar im Geiste, im Herzen und in der Seele.
Der Weg ist bestimmt,
er liegt vor mir.

Langsam blicke ich auf.
Neu wird er sein.
Anders und klar.

Du Geliebter,
warst Gefährte,
Geleit, Geborgenheit und Liebe.
Liebe in allem.
Aus mir heraus.

Nun räume ich auf, betrachte neu,
sortiere, kläre, finde.

In allem ein Segen.
Diese Zeit an deiner Seite.

Noch fische
ich all
die Geschenke
aus den Erinnerungen heraus.

Sammele sie wie Kiesel am Ufer des Rheins.
Drehe sie um, betrachte und ordne.
Wie mein ganzes Leben.

Sie fliegen

Sie fliegen das erste Mal zusammen,
Haarzipfel und Hemd.
Am letzten Ende.

Ich trage sie nun, deine Hemden.
Von Zeit zu Zeit.
Der Kragen küsst mein Haar,
das stetig wächst.

Ich trage auf und weiter.
Finde
Freiheit im Inneren
und Äußeren.

Und du?
Das Meer ist dein Gefährte
und
die Sonne dein neues Bett.

Wir singen gemeinsam
mit dem Mond.

So zumindest
tröste ich mich.

Ab und an
ein Kuss,
im Geiste gehaucht.
Auf Stirn, Schulter und
Lende.

Wenn's schwer wird,
tanze ich mit dir durch den Tag.

Die Erinnerungen eingehüllt
in Sehnsucht.
Meine.

Vorher
war alles leicht.
Jetzt anders.

Meine weggedrückten Tränen
sammeln sich in den nächtlichen Kissen.

Still. Klamm. Und heimlich.

Komm, rufe ich still.
Keine Antwort.

Morgen ist auch ein Tag.

Ein neuer Blick

Im Angesicht deines Todes,
sah ich uns neu.
Welch Geschenk,
dir in all diesen Momenten
die Gefährtin zu sein.
Wahrhaftig im Da-Sein.

Das Schließen deiner Lider,
meine Hand auf der geliebten Brust.
Der letzte Kuss auf deine Stirn.
Unsere Stirne aneinander in all
den gemeinsamen Nächten
werden zu neuen Galaxien.
Verbunden auf ewig.
Aber neu. Frei und leicht.

Mein Herz ist beschenkt,
meine Gedanken sind bei dir.

Ich sehe dich leichtfüßig über die
Himmelswiesen laufen.
Kitschig, dieses Bild.
Aber heilsam
und beruhigend.

Wohlig, warm und
sicher stehe ich weiter in deiner liebenden Gunst.

Zieh weiter, mein Freund.

Alles hat seine Zeit.

Zählen

nur 7 Tage,
dann waren es diese.

Sonne auf deiner Haut.
Wasser an deinen Beinen.
Himmel in deinem Herzen
und all dein Sein um mich.

Jung.
Reif.

Suchend
und findend zugleich
erfuhr ich dich einmalig inmitten von
Laken,
Wellen
und
Dünen.

Ein Mühen

Ich drehe
die Mühlräder
meiner
inneren Gedanken,
stelle mich
gegen den kalten Wind der Sehnsucht
und schaffe neue Plätze am inneren Feuer.

Wärme mich an meiner Dankbarkeit über uns,
spüre das große Geschenk,
deine Frau gewesen zu sein.

Hüte meinen Schmerz ins Erträgliche.

Bette die Tränen zur Nacht und
wiege mich in Anmut über alles.

Nähre mich an mir selber.
Genug ist genug.

Dein Antlitz

Ich
wahre dein Antlitz,
dein schönes Bild über dich.

Die bunten Fassetten
deiner
selbst erzählten Geschichten wische ich
getrost vom Tisch.

Schaue lieber
auf das,
was du in meiner Welt möglich gemacht hast.

Dein Segen für die Welt,
war deine Liebe.

Für Menschen wie mich.

Unaufgeräumt gingst du deines Weges,
den Kopf voller Flausen
und wehendem Haar.

Ich war der letzte Moment

Der Blick auf dich.
Mein Kuss
auf deiner Stirn.
Die letzte Berührung.
Unfassbar
der stillstehende Herzschlag.
Stille und Demut.
Hand in Hand.

Stunden
neben der Kerze
an deiner Seite.

Schnee im Treppenhaus,
ein letztes Lager für dich,
mein Prinz mit dem wehenden Haar.

Nun liegt es ruhig.
So wie du.
Stunden.
Stunden.
Stunden.
Einzigartig
und
allein mit dir.

Die Außenwelt weicht.
Gnädig und ungnädig zugleich.
Josef. Mein Josef.

Deine letzten Tränen,
wenig zuvor,
noch weinend an meiner Brust.

Eine Erkenntnis
in ihrer Zeit.

Ein Rückblick,
ein jäher Schmerz.

Ich atmete dein Haar,
spürte
deine Reue in allem
und
hörte dir zu,
als
du dein gesamtes
Leben in Frage
stelltest.

Der
Nachhall
dieser Worte
war zu spüren.

Erschütternd
und zugleich
seit Monaten
klar.

Ich blieb.
Umarmte.
Küsste.
Hielt.
Heilte.
Und hoffte auf all das Schöne,
was noch kommen möge.

Vergebens.
Illusionär.

Mein Lieb,
welch ungeheuren Sprung ins Unermessliche,
den du wagtest.

Alles anders.
In einem Moment.

Wir reden

Wir reden.
Jeden Tag.
Miteinander.
Über die letzten Monate.
Über Josef.
Über den Tod.
Über den Schock.
Über meine Liebe.
Über den Wandel.
Über dich.

Du findest neue Fragen,
neue Sichtweisen.
Konnotierst hemmungslos neu.
Verlässlich ist er,
dein Anruf.
Jeden Tag.
Über Wochen.
Ohne dich
wäre meine Welt anders.

Erst später. Wochen später.
Lässt du mich wissen,
dass du wusstest,
wie wichtig du für mich bist.

Wir weinen.
Einvernehmlich.
Das ist Liebe. Das ist Freundschaft.

Am Ende deiner Fragen

Am Ende deiner Fragen
schliefst du ein.

Die Antworten
klar
und
nachvollziehbar auf dem Nachtschrank
deines Lebens.

Dein Alltag bröckelte,
mehr denn je.
Unfehlbar.
Offensichtlich.
Liebevoll.

Mein müder Krieger,
ich
hätte dein
müdes Haupt
besser und öfter
betten sollen.

Dir Ruhe schenken sollen,
mein großer Prinz.

Ich wusste es nicht besser.
Ahnte nicht.

Einfach streicheln.
Wegstreicheln.
Die Sorgen.
Die Scham.
Den alten Schmerz.

Ausruhen im großen Ganzen.
Das kannst du jetzt.

Meine Ehre
und
Anerkennung
deines Weges
gilt dir immer.

Ruhe aus.

Finde Frieden.

Du hast ihn mehr als verdient.

Eine letzte Nacht

Eine letzte Nacht
an deiner Seite.

Neu,
still
und ungewohnt.

So lange
waren wir noch nie getrennt.
3 Wochen ohne dich.
Und jetzt ganz.

Deine Urne
ist zu Besuch.
Wir reden.
Ich mit dir.
Das erste Mal.

Wer weiß,
wo du gerade bist?

Leg dich nah zu mir,
Gefährte.

So vieles offenbart sich jetzt.
Erst.

Leise mitgenommen.
Still und heimlich.
Steht sie da.
Das neue Gewand.
Furchtlos,
überwiegend ja.

Meine Seele reicht
dir die Hand,
als du ins Feuer gingst.
Ruhig wurde es.
Ächzend schwer der Laut
der abfallenden Last.

Nun
habe ich mich an deinen Tod gewöhnt.

Fast einvernehmlich,
weiß ich, dass
du frei bist.

Jetzt.

Und ich auch.

Barfuß

Lass uns barfuß sein.
Nackt in allen Seen und Flüssen unserer Zeit.
Spring mit mir
in die Wellen
der Sonnenuntergänge,
wirf das Hemd ab
und tanz mit mir auf den Wiesen
des ewigen Frühlings.

Der Duft
von wahrer Freiheit,
der sich in deinem wilden Gesicht zeigte,
war von kurzer Dauer.

Aber sie war da.
Spürbar.
In allen Poren, Ideen und Worten.
Überall. Deine Lust auf Leben.
Barfuß. Nackt.

Und so trittst du vor das große Ganze.
Danke für all diese Momente ohne Schuhe.

Anmerkung: Als ich die Kleidung heraussuchte, die Josef zur Verbrennung tragen sollte, überlegte ich nicht lange. Es war mein und sein Lieblingshemd, seine schönste Jeans und keine Schuhe. Er lernte an meiner Seite die Freuden des Barfusslaufens. An diesem Tag entstand dieses Gedicht. Ebenfalls wagte er sich, nackt in Seen, Flüssen und dem Meer zu schwimmen. Es war in gewisser Weise unser „Sommergefühl".

Ich will

Ich will dich
nicht ersetzen.

Ich will dich
und
wollte dich.

Nach wie vor.
Stehe zu meinem Wort.
Halte dir meine Hand.
Und meine Treue.

Weile nun die
schweren Stunden bei dir.

Ein Weg tut sich noch nicht auf.

Ich bleibe.
Hier.

Die Zeit steht immer noch still

Die Zeit
steht immer noch
still.

Ich wandele
von Stunde
zu Stunde
und
suche das Leben ohne dich.

Und
finde meine leeren Hände.

Gegenteilig
unseres
Wunsches
versuche
ich nun,
alleine zu sein.

Und damit
klarzukommen.

Mich zu finden.

Du weißt schon!

Meine Sehnsucht nach dir
und deiner Gegenwart
ist grenzenlos.

Bevor ich mich im steten Meer
der Tränen verliere,
wandele ich
die übliche Fülle
meiner
Gedanken in
Dankbarkeit um
und
gebe mir selber Halt.

Deine Wahrhaftigkeit

Deine Wahrhaftigkeit
hat bisherige Muster verlassen.

Sie klammern,
doch
haben sie keinen Halt
mehr.
Der Kult zerbricht.
Das Neue ist frei,
wild und nackt.

Während sie ihrem alten Plunder
huldigen,
sitzt du an den Ufern der Flüsse
und
schaust den Fischen zu.
Baust Dämme aus losen Steinen
oder
kleine Boote aus Ästen,
die zur Quelle treiben.

Schaust aufs Wasser. Lachst.
Nimmst meine Hand.
Neue Lebenskunst im Nichts der Kostbarkeit.

Du nährst den Frieden.
Plötzlich. Unverhofft.
In dir.
In mir und der Welt,
die ihn sehen mag.

Keiner kennt dich.
Ein paar Wochen nur,
um den neuen Weg
ins Visier zu nehmen.
Die Macht des Aufpralls,
den das absolute Läutern mit sich bringt,
ist mächtiger als deine Kraft.
Mein müder Krieger.

Sie suchten dich noch.
Die Deinen,
die dich nicht kennen.

Nur die alten Bilder,
wie alte Muster.

Das alte Vorbild ist weg.
Und doch
auf ewig verflucht,
verrissen und als Schablone der
eigenen Sehnsüchte missbraucht,
instrumentalisieren sie dich.
Versuchen es.
Vergeblich.

Du bist an die Seite getreten.
Hast oft die Hand gereicht.
Keiner griff zu.

Und raus bist du.

Die Nacht

Die Nacht zieht ein.
Der Mond ist da.
Du fehlst.
Von früh bis spät.

Die Schemen deiner
wunderschönen Gestalt
werden mächtiger.

Und nehmen sie ein,
die volle Schar
meiner Erinnerungen.

Ich tauche in sie hinein,
wie in die Flüsse
und Seen
mit dir,
all derer, die habhaft werden durften.

Nun ist es still.
Deine Stimme stumm.
Endgültig.

Dann

Dann,
irgendwann,
sind die Toten näher
als die,
die sich mühen,
uns Trauernde zu leiten.

Die fehlende Hand.
Der erkühlte Kuss.
Der unendliche Schmerz.

Der einsamen Stunden,
in denen wir die Hoffnung
begraben.
Doch immer wieder zögern.

Am Ende sind wir allein.
Bei uns.
Wählen und klären.

Unser Weg.
Voll Licht und Schatten.

Du bist beides.
Für mich.
Jeder ist beides.

Zupflastern geht nicht

Zupflastern geht nicht.
Der Schmerz ist da.
Unweigerlich
und unvorstellbar.
Er pocht,
legt sich ums Herz und Gemüt.

Die erdrückende Last
macht mich unfrei.

Die Gardinen sind zu.
Von innen fehlt das Licht.
Dunkel im Inneren
und so müde,
ohne dich zu sein.

Ich komm nur selber raus,
wenn ich den Deckel hebe.

Und dafür ist jetzt Zeit.
Es braucht.
Es kostet Kraft.
Es geht.
Mein innerer Muskel wächst.

Der Blick in den Spiegel der Tage
schenkt mir ein neues Leuchten
in den Augen.

Ein helles Blau.

Trauern ist mehr als weinen

Trauern ist mehr als weinen.
Es ist die Zeit
der Rückschau.
Des klärenden,
reinigenden Blickes.

Die Tränen
waschen rein,
schrubben die Enttäuschungen,
die falsch verstandenen Hoffnungen
rein
und
legen Salz auf die Wunden der
Sehnsucht.

Trauern

Trauern heißt auch
Frieden finden.

Frieden in dem,
was
nicht mehr möglich ist.

Damit entsteht Raum für Neues.
Die große Chance,
alles neu zu ordnen.

Es mag Freiheit sein, was sich da auftut.

Die muss geahnt,
erfasst
und sich getraut werden.

Die Sicherheitsleinen
sind gekappt.

Alles ist lose,
möglich und vertraulich
fremd
zugleich.

Das Dunkel ist endlich.

Meine Hände

suchen deine
Haut im Schlaf.

Ich schreibe wie verrückt
und
hoffe
mit jedem Wort,
dass du zurückkommst.

Lachend.
Ungestüm.
Vertrauensvoll.

Die Zeit heilt alle Wunden.
Sagen sie.

Vermutlich haben sie recht.

Vermutlich

bist du die größte Prüfung
meines Lebens.

Stelltest alles in Frage.
Glaubtest an meine Liebe.
Meine Treue.
Meine Prinzipien vom Leben und Sein.

Du.
Mein Du.
Hast so viel von mir gesehen.
Und ich von dir.

Dein unmittelbarer Tod lehrt mich vieles.
Jeder Moment mag kostbar sein.
Erinnerungen werden zum ureigenen Schatz.
Ein Zeugnis meiner eigenen Kraft.

All die Deutlichkeit der Geschichten nimmt mich ein.
Für mich.
Und wärmt für das Kommende.

Das Salz

Das Salz auf meinen Wangen.
Nicht von kaltem Wind.
Ein Tränengemisch.

Draußen laufe ich.
Stundenlang im Winter.
Hügelauf. Hügelab.
Alleine für mich.
Ohne Hund. Ohne dich.

Alleine. So komisch.
So gut und sinnvoll.
Zeit für mich.

Dem Winde vertraue ich es an.
Das ehrliche Eingeständnis, dass es gut ist.
Dass du Frieden hast.

Deine Reue war dein eigenes Geleit.
Die Wege meines neuen Lebens führen weiter.

Immer wieder gehe ich sie, diese Wege.
Wage Fragen, betrachte wieder und wieder,
was war.
Was blieb.
Was kommen mag.

Und weiß, dass es gut ist.

Du warst so müde vom Leben.

Du

Du,
ich lasse sie los, deine große Hand.
Weiß, dass du nicht mehr kommst.

Müde
werde ich,
auf dein irdisches Antlitz
zu warten.

Hab schon verstanden, dass
du nicht mehr hier bist.

Ich spreche mit dir.
Manchmal.
Nicht oft.

Es geht nicht gut,
noch nicht.
Die Tränen überwiegen
und
machen sich ihren eigenen Reim.

Erschöpft der großen
und
kleinen Lügen,
bist du,
Geliebter,
schon lange.

Ohne die Fährte zu kennen.

Alle Knöpfe offen,
die Küsse frisch gezollt.
Streichle ich dein langes Haar.
Nur so in Gedanken.
Sauge den Duft deiner sanften Nähe in mir auf.

Du hast mir alles geschenkt.
Alles, was du hattest.

Du warst das Gegenüber
meiner nächtlichen Sehnsucht.

Jetzt gehe ich alleine weiter.

Benötige
erste Schritte
zwischen Bett und Brot,
zwischen Stuhl und Tisch.

Um dann,
wenn es so weit ist,
weiterzugehen.

Ich schreibe

Ich schreibe alles aus mir heraus.
Meine Sehnsucht.
Meine Angst.
Meinen Kummer
und
meinen Trost.

Stille in meinen Worten.
Ohne Nachhall.

Schreie
und rufe.
Zum Himmel.
In Silben, Worten,
in Sätzen.
Gleiche an
und mache weit.

Tief
in mir der Wunsch,
dass du da bist.
Um die Ecke schleichst.
Und in meine Augen fällst.

Ich weiß.
Das ist nur ein Wunsch.

Mein Papier ist geduldig.
So wie ich.

Ich lerne

Ich lerne,
die
alten Gewänder abzulegen.

Mich
in der Trauer nun zu üben.

Mehr noch.
Bald zu lehren.
Halte dich in Ehren.

War bei dir im Tod.
Stundenlang hütete ich dein Haupt und Antlitz.
Focht um dich.

Und dachte, dass ich dich
noch Jahrzehnte hätte,
um all den Spuren unserer Abenteuer zu folgen.
Sie und uns reich zu machen.

Nun lerne ich.
Mehr denn je.
Im Nachblick. In der Trauer.
Im Schürfen des Neuen.

Ich lerne,
dass ich gut war für diese Zeit mit dir.
Und du für mich.

Meine Hosentasche ist leer

Der vertraute Schlüssel weg.
Nur noch Erinnerungen.
An ihn.

Dein Auto.
Ein Volvo mit Rückbank.
Olaf.
Frisch getauft.

Der mit den vielen Sonnenuntergängen
an den Stränden von Dänemark.
Den umgeklappten
Sitzen und
Nächten dieses einen Sommers.

Gepäckstücke auf unseren Reisen.
Knäckebrot und Zwiebelschmalz.
Rotwein mit Blick auf die Wellenkämme.

Den Fahrten
von Nord nach Süd.
Der Heimat unserer Zeit.

Nun aber.
Schnell verkauft.
Zu Geld gemacht.

Nicht ich.

Das Eingeständnis

Ist groß.
Größer als gedacht.

Die eigene Verblendung war weitreichender.
Als gedacht.
Als vermutet.

Unvergorenes weggeschoben.
Schönfärberei?
Rosarot die Brille?

Jetzt,
inmitten der unendlichen Ablösung
von deiner irdischen Gestalt,
erkenne ich mich.

In meiner Liebe.
Zu dir. Aufs Leben. Auf mich.

Deine Kraft nahm ab

Deine Kraft nahm ab.
Dein innerer Wille schwand.
Deine Lust wurde weicher
und die Schultern zeigten
deine Müdigkeit.

Es gelang dir nicht. Zerbrach.
Nahm Zeit.
War schwer.

Deine Kämpfe im Schlaf,
mit all den alten Geschichten.

Diskussionen auf den Fahrten unserer Zeit.
Ein Ringen, ein Klammern, ein Konsens.

Am Ende
die schmerzliche Einsicht.
Verstehen.

Immer noch mag ich deine große Hand
nehmen und dir zollen, was du wolltest.
Und nicht konntest.

Ich sah dich im Wandel,
mein Geliebter.
Von Anfang an.
Deine Wildheit wandelt sich in Demut.

Reue ist das neue Wort,
mit dem du über dein Leben sprichst.

Danke, dass ich dabei war.

Danke für die Einsicht, Ehrfurcht und
das Geleit an deinen zauberhaften Schwächen.

Wir waren Meister.
Für das herrlich
Unvollkommene.

Leb wohl. Küsse weiter.
Spiele und ruf mich an.
Ab und zu.

Schmerzhaft ist der Abschied

Schmerzhaft ist der Abschied.
Wehmut als Kern
des Weges.

Das Neue noch nicht greifbar.
Ich wähle das Angesicht dieser Zeit.
Weiche nicht aus.
Gehe die notwendigen Schritte.
Auch wenn jeder Tritt schmerzt.

Jeder?
Die ersten werden langsam leichter.
Führen mich wieder zu dir.

So wie du.
An deiner Seite
heilte der alte Schmerz
bis der neue nun kommt
und mich weiter aufbricht.

Es wird Zeit,
dich frei zu geben.

Hier oben am Meer.

Inmitten der unendlichen Weite
von Himmel und Erde,
inmitten unserer schönsten Momente.

Ich verlobe

Ich verlobe.

Ich gelobe.

Ich lobe.

Ich entlobe mich.

Inmitten all meiner Liebe.

Ich lasse los

Ich lasse los – so heißt es oft.
Loslassen
geschieht jenseits der Kalendersprüche.
Ich lasse
die bisherige Betrachtung
unserer Liebe los
und
gebe dich hin.
So wie ich mich dir hingab.

Gebe dir Geleit.
Hier ganz im Norden.
An den schönsten Orten unserer Zeit.

Muscheln inmitten der Sonnenuntergänge.
Abende am Meer.
Nächte unter den Sternen und
Tage voller Zeit.
Wenige nur.
Im vollen Vertrauen
auf das Jetzt und Gleich.

Ich gebe dich frei.
Und schenke unserer Liebe neuen Raum.
In mir.

Unser Weg war
und ist
einmalig.

Gleich einem Märchen
traten wir zusammen,
gleich einer Prinzessin
trage ich dich
in meinem Herzen
und
bin in deiner steten Liebe weiter gewogen.

Ich träume mich zu dir
und sehe dich im Wandel,
wie von Anfang an.
Dieser Wandel war dein bester Freund
in dieser märchenhaften Zeit
an deiner Seite.

Die dicken Stiefel warfst du über Bord,
erst brummig, dann begeistert
und gingst barfuß.
Über Stock und Stein.
Gebarst dich neu
und
fandest dich
in unseren Momenten von Frieden
und
tiefer Einkehr.

Deine Widersacher
konnten dich nicht mehr sehen.
Still wurde es. Gut so.

Du wundervoller Prinz mit langem Haar.
Ich gebe dich hin,
in den Wind, in den Himmel, ins Meer,
und trage dich zum Grabe
meiner Katze,
der du dein Geleit gegeben hast.

Hier sind Ankerplatz und Startbahn zugleich.
Hier ist Frieden und Ruhe.
Auf ewig.
Auf immer.
Auf alles, was kommen mag mit deiner Liebe im Herzen.

Dankbarkeit ist der Boden, auf dem ich gehe.
Trost ist der Nektar meiner Tränen.
Ehrfurcht das tiefe Geschenk unserer Geschichte.

Liebe ist alles, was zählt.

Diese Zeilen entstanden in den Tagen und Nächten oben in Skagen am Meer. Hier zelebrierte ich sehr intensiv den Abschied. Das war zu Silvester. Josef und ich waren im Sommer 2023 zweimal ein paar Tage oben in Skagen – unabhängig voneinander verliebten wir uns in diesen Ort. Hier waren wir so glücklich wie noch nie. Hier durften wir für uns sein. Und hier nahm ich Abschied. Alleine. Zu Silvester. Kalt. Nass und windig. Da wollten wir zusammen Silvester verbringen. Ich fuhr alleine und führte einige sehr intensive Rituale durch. Und ich verlebte drei Tage und Nächte von tiefer Transformation in meinem kleinen Camper.

Diese Tage dort oben waren sehr besonders, sehr tränen- und erkenntnisreich. Sie waren der Anfang der inneren Wende.

Ich gehe an all die alten Orte

Ich gehe an all die alten Orte,
spreche mit den Erinnerungen
in meinem Kopf.

Leg meinen Kopf an deine Schulter,
die nicht
mehr
da ist.

Gebe dem Schmerz in mir Laut.
Schreie.
Stehe rufend am Meer
und weiß,
dass du nicht wieder kommen wirst.

Der Wind weht weiter.
Wirbelt den Sand auf
und
trägt ihn.

So wie mich.

Die gemeinsamen Muscheln in meiner Hand
lasse ich liegen.
Der Sand nimmt sie mit.

Es geht ein Wind

Es geht ein Wind
an
mir vorbei.

Ich sehe dich,
wie immer, wie früher.
Wie in diesen Monaten, die alles in Frage stellten.
Die mein Leben neu spannten.
Die Nektar auf die trockenen Lippen
meines Verzichts der Jahrzehnte davor
küssten.

Jeden Tag neu.
Vermisse ich dich.
Frage mich stetig weiter.
Suche dich in meinen Träumen und Sinnen
über alles.

Frage mich stetig weiter:
Wie konnte ich üben, dass mich dieser
Schmerz nicht zermalmt?
Nicht zerbersten lässt.
Nicht tötet.
Wie dich?

Sondern reifen lässt.

Täglich neu geprüft,
stehe ich ohne dich da.

Und erkenne
mich
mehr denn je.

Liebend.
Treu.
Dienend.
Erfüllend
und
einfach Frau.

Endlich wieder.

Sei sanft mit dir

Sei sanft mit dir,
sagt der Schmerz.

Sei lieb mit dir,
sagt die Angst.

Sei nett mit dir,
sagen die Tränen
im inneren Antlitz.

Sei mutig mit dir,
sagt der Mut für das Neue.

Frag mich

Stell mir deine Fragen,
sage ich zum Himmel.
Ich höre dir zu.
Meine ich.

Du fragst mich
nicht wirklich,
wie ich weiter mache.
Gar nicht.

Tag für Tag.
Mahle ich mich durch die Tränen.
Trocken.
Verschluckend.
Überbordend.

Einvernehmlich Zeichen sendend,
dir das letzte
Geleit zu
senden.
Auf ewig.

Hauchte ich einstmals die Küsse,
nicht wissend, wie groß die Prüfung wird.
Deine Hand in meinem Nacken.

Das erspürte Geleit
durch einsame Zeiten,
wählt wenig.

Im Schmerz der Tränennacht.

Mein Geleit

Alleine,
mein Geliebter,
ganz alleine
geleite
ich dich
auf diesem Weg
und
halte dir den Raum
für alles,
was jetzt da ist
und
werden
oder
vergehen möchte.

Meine Tränen
werden
zu inneren Küssen
und
Worten auf dem Papier.

Meine
Ehrfurcht,
im Geschenk unserer Begegnung
bedacht zu sein,
umarmt alles von uns.

Auch diesen Schmerz,
dass auch dieser Wandel
nicht zu leugnen ist.

Wer
durfte dich so lieben wie ich?
Wer
durfte deine
kostbare Zerbrechlichkeit
so sehen,
wie ich,
deine sanften Hüften und Schultern?
Wer kannte mich wie du?

Unsere Geheimnisse füllen mich aus,
geborgen
in all den
kleinen und großen Abenteuern
unserer Reise
trage
ich sie in meinem Herzen,
wärme mich
an meinem eigenen Lächeln über uns
und
gebe sie nun
dem Himmel
über dem Skagerrak
frei.

Mein Herz ist gebrochen

Mein Herz ist gebrochen.
Zerbrochen.
Aufgebrochen.

Meine inneren Muster
zerbrachen
und zerschellten
in all den Momenten
der Trauer um uns.

Die Macht des Schmerzes
hat mein
Inneres erfüllt und so unendlich reich gemacht.

Das Geschenk deiner Liebe
macht mich zur Königin
meines Lebens.

Ich danke.
Stets und ständig.
Für dich
und mich.
Für uns.

Für die Kunst,
so lieben zu dürfen
und nun so frei zu sein.

Du bist noch da

Präsent.
Hütend.
Leise.
Still.
Unsichtbar.
Zugegen.
Doch entlastet
und freigegeben.

In allen Ehren
halte ich dich,
mein Stern.
Warst wundervoll für diese Zeit.

Diese Reise.
Dieses Abenteuer.
Dieses Märchen.
Diese Zeit.

Alles
in mir dankt.
Dir.
Und geht friedlich,
leise und erfüllt weiter
auf meiner Reise.

Ich liebe dich.
Immer.
Ewig.
Unverwechselbar du.

Die Trauer

Die Trauer über deinen Tod
hat mein Herz auf die größte Probe gestellt.
Es schien zu brechen,
zu bersten,
zu reißen.

Ich ging durch tiefe Tränentäler
und schwamm
in Schmerz und Liebe.

Nun wird klar,
wofür das gut war.
Mein Herz lernte zu wachsen.
Über sich selbst hinaus.
Es weitete sich
wieder und wieder.
Und weiter und weiter.

Mein Herz bleibt offen.
Verkapseln schützt
vielleicht nur kurz.
Mir nicht.

Ich bleibe offen.
Akzeptiere eher Tränen.
Derer gibt es viele.
Tränen der Demut.
Der Andacht.
Der Anmutung.
Des Neuen.

Wer hat gesagt

Wer hat gesagt,
wie lang ich trauern muss?

Wer hat gesagt,
wann ich wieder lachen darf?

Wer hat gesagt,
wann ich wieder bunt tragen darf?

Alles hat seine Zeit,
steht es in den
großen Texten dieser Welt.

So nehme ich die Stiefel,
die für die sieben Meilen,
und
trete vor das Haus des Winters.

Schnüre mein Bündel.
Koche Suppen, die ich nicht alleine
auslöffeln möchte.
Singe Lieder
und trage bunte Kleider.

Das Leben braucht mich.

Hier bin ich.

Mag weich bleiben

Liebevoll fallen.
Im Halt den Extrakt
für den nächsten Aufschwung
finden.

Wo bin ich?
Wo bin ich geblieben?
In all diesen Wochen voller Winter?

Wo ist mein wahres Selbst,
frage ich mich jeden Morgen neu.

Diese Zeit, die an mir zerrte,
nahm und sog und gab.
Die Kerben
in mein Fell ritzte
und an meinen Federn zupfte.

Immer noch
weine ich um mich.

Um mein Versagen,
mir selber gegenüber
einzugestehen.

Ein Besser ging nicht.

Läuternd gestehe ich
mir ein,
dass mein Herz so tief gebrochen ist.
Dass es blutet, eitert
und am Ende heilt.

Weine
mich weiter durch die Zeit.
Suche all die Ehrlichkeit,
die das Gestern noch nicht hatte.
Nicht durfte.
Nicht konnte.

Ich weine nicht um dich.
Schon lange nicht mehr.
Ich weine um mich
und
meine eigene Güte
mir gegenüber.

Und weiß, am Ende der Tränen
ist Klarheit.
Ist Lachen.
Ist Liebe.

Du füllst den Himmel mit Liebe

Phönix aus der Asche.
Das bekannte Bild,
erzählt nun auch von mir.
Wieder einmal.

Es passt.
Wird Zeit.
Der Weg der Trauer,
tief wie nie.
Bewegend.
Erfüllend und befreiend.
Jeder Zipfel Schmerz in mir,
ist wohlbekannt.

Ein Winter voller Tränen, Texte.
Suchen. Finden. Tauchen.
Ein Winter voller Liebe.
Ein Winter voller Einkehr.
Ein Winter voller Mut,
mich diesem Schmerz zu stellen.

Keine Angst vor der Trauer.
Keine Angst,
dass mein Herz zerreißen könnte.

Ein Winter,
der mich Anmut lehrte.
Meine Anmut vor unserer Geschichte
und dieser
unermesslichen Transformation.

Ich lebe.
Mit allen Fasern.
Am Meer.
Bei den Kranichen.
In meinem Wirken.
In meinen Freunden.
Und überhaupt.

Ich hebe den Kopf zum Himmel
und sehe die Weite.

Ich schreite durch die Tage
und singe dein Lied.

Leiser werdend.
Kaum noch hörbar.
Die Melodie deines Seins
in mir bleibt.
Auf ewig.
Versprochen.

Du füllst den Himmel mit Liebe.
Segnest das Feld,
auf dem ich gehe.

Sicher bin ich, dass
du mich wachsen sehen möchtest.
Glücklich. Bei mir.
In mir.
Ruhend.

Ich gehe nicht unter – ich gehe auf.
Wachse durch das stete Zulassen des Schmerzes.
Weine und atme
und lache ihn durch mich hindurch.
Tage und Nacht.
Reife.

Mein Herz ist zerbrochen.
Aufgebrochen.

Offenporig,
erfüllt und glücklich
über mein Sein.
Und Dürfen.
Gehe ich weiter.
Ich werde wieder.
Ich werde weiter.

Bin gewachsen.
Mit dir sowieso.
Ohne dich nun auch.
Noch mehr.

Du hütest mich.
Weiter.
Weit oben.

Frieden ist um mich.

Kein Vorwurf,
nur Anmut und Demut.

Die Kirschen des Sommers

Ich suche die Kirschen des Sommers,
deine Blume im Haar.
Die Lieder der Abende.
Das Sitzen am Meer.

Ich suche dich.
Vergeblich.

Die Liebe
dieses Sommers
verlor
sich im Gestöber
des ersten Schnees.

Ich breche
auf
und
zusammen
und
weiter.

Mein Herz bricht.
Zerbricht.

Öffnet sich
und splittert sich durch die Wochen.

Und sucht weiter nach Frühling und Sommer.

Die Schneeglöckchen sind schon da.

Freunde

Freunde sind
die mit den warmen Linsen
in der bunten Schale.
Die mit dem späten Leberkäs am Abend.

Freunde sind
die mit den Duschen
und den frischen Handtüchern.
Die mit den warmen Decken
und Nächten auf dem Sofa.

Freunde sind die,
die dich anrufen.
Täglich. Mehrfach.
Tröstend. Aufmunternd. Verbindend.
Immer wenn du es brauchst.

Freunde schenken dir Leben
und
ihre Zeit.
Und Überwindung.
Sie fürchten, zu viel zu werden.

Freunde sind die,
die wissen,
wie es dir wirklich geht.
Das sind die,
die frei räumen,
wenn du Platz brauchst
und
die sich an den Gräbern dieser Zeit
haltend in deinen Rücken stellen.

Freunde,
das sind die,
bei denen du nachts noch alleine
am Tisch sitzen kannst,
während sie bereits wohlig schlafen.

Freunde sind die,
die mit dir fühlen und dir das mitteilen.
Das sind die
mit dem frisch gebackenen Kuchen
und den langen Wegen übers Feld.

Der Ofen wärmt

Meine Füße
fassend auf dem Boden.
Holz. Wärme. Halt.

Mein Kummer und Schmerz
lösen sich wieder eine große Schicht weiter.
Fürsorge und Liebe weichen.
Nicht mir.
Sondern mich.
Weine ihn aus mir heraus.
Ohne Punkt und Komma.
Ohne Halt.

Offenporig bleiben.
Die Hand aufs Herz.
Mein inneres Gerüst lässt los.
Die Sparren knarren.
So lange gehalten.
Zu lange
durchgehalten.

Nun.
Endlich.
Weiche ich auf.
Darf
und
kann meine eigene Schwäche umarmen.

Sie wird zur Freundin
für die kommende Zeit.

Ich räume auf

Ich räume auf.
Finde deine Gürtel.
Kleine und große Besitztümer.
Messer.
Werkzeug.
Leere Tassen.

Erinnerungen an dich.
Und dein Leben.
In Schnipseln,
Kisten und Taschen.

Der Duft nach deinem Volvo
schmiegt sich durch meine Finger.
Der blaue Anzug und die Hemden mit Blumen.

Bilder von dir. Mit dir.
Meine Hände weinen
bei jedem Stück,
was sich in meine Hände legt.

Ich lasse los.
Fange sie auf,
die Essenzen meiner Erinnerungen
und werde bereit für neue.

Und immer noch

Und immer noch
weine
ich
um dich.
Und um mich
an deiner Seite.

Um die Art,
wie
du
dein Leben beendet hast.

Über den Schreck,
den Schock.
Das Unmittelbare.
Was übrig blieb.

Meine Fassungslosigkeit
dieses Moments,
der alles drehte
und
ins Wanken brachte.

Und immer noch,
lache ich,
wenn ich an
deine Flausen im Kopf denke,
deine Verliebtheit,
deinen Übermut.

Und immer
wieder weine ich,
wenn ich die Bilder sehe.

Die Sandburg,
das Bier
im Sonnenuntergang.
Der Morgen am Meer.
Deine Beine
in plötzlich kurzen Hosen.
Die Stunden am Fluss.

Die Frühlingsbiere
mit dem Blick auf die großen Birken.

Die Anmutung eines gemeinsamen Lebens,
welches ich jetzt neu gestalte.
Ich mag es
kaum fassen,
wie reich
diese gemeinsame Zeit war.

Danke.
Mein Leben geht weiter.
Ich ehre dich.

Mit allem,
was ich tue, sende ich dir einen Atemzug.

Fluche

Schimpfe.
Raune all die ungehörigen Worte.

Einmal nur.
Einen Nachmittag lang.
Werfe ich dir alles um die Ohren.

Die unerledigten Dinge,
die ich nun tun muss.
Zu Ende bringen.

Dann aber.
Alles ist rein. Geklärt.
Geheilt.

Nur eine Sache nicht. Also raus damit.
Die Sache mit der Küche.

Nun gut. Das bekomme ich auch hin.

Täglich

Gehe ich über die Schwelle
deiner letzten Stunden.
Deines letzten Moments.
An den Ort deines Todes,
des bizarren Zusammenbruchs unserer Zukunft,
geht mein Weg zu Bett und Tisch.
In meinen Alltag.

Täglich setze ich meine Füße auf den Ort,
an dem dein Herz seinen letzten Schlag machte.
Und ich wachte.
Stunden im Schnee, die offene Tür.
Die kleine Kerze im Wind.
Das Kissen unter deinem Kopf.

Und jetzt?
Ehre ich dich.
Und mein neues Leben weiß um dich.
Alles ist da und darf sein.
Ich weiß, du würdest lachen. Weil alles stimmt.

Sie mögen dich. Die Menschen meines Lebens.
Wie eh und je. Auch jetzt.

Deine Anmut ist da.
Wird geehrt.
Und integriert.
Ich führe weiter.
Lebe weiter.
Danke dir und mir.

Dein Postfach wird leer

Ich rufe an.
Da und dort.
Melde dich ab.
Schreibe denen, die noch etwas von dir wollen.
Werfe deine Passwörter in die Luft.
Mache Schluss. Mit all den alten Mails.
Gebe Bescheid.

Die Luft wird dünner.
Der alte Weg wird still,
ebnet sich selber.
Ich rücke weiter.
Löse auf.
Weine still an manchen Tagen.
An anderen umso lauter.
Und auch nicht.
Unfassbar dieser Sprung ins Nichts.
Ein luftleerer Raum. Ein Nichts.
Bleibt hier auf Erden von dir.
Deine Liebe hat alles gefüllt.
Jeden Moment
dieser langen kurzen Zeit mit dir.

Ich weiß nicht,
wer jetzt bei dir ist.
Wer dich hält.
Wer an dich denkt.
Ich werde es immer tun.
Göttlicher Freiflug.

Der Prinz

Den Prinzen
gibt es nur im Märchen.
Ein Bild der Sehnsucht.
Ein ewiger Traum, der keinen Halt
in dieser Welt hat.

Ein Prinz auf dem weißen Pferd
oder der Triumph.
Ein Prinz.
Ohne Schloss und Hof.
Einfach du.

Auf Erden, eine kleine Weile an deiner Seite.
Ohne Tand und Klunker.
Mit Haut und Haaren.
Nun Leben,
geht der Prinz und
nimmt dies Märchen mit.
Einfach.

Keine Träne

Keine Träne war umsonst.
Kein Wort.
Alles hatte Raum.
Durfte sein.

Jede Unvernunft, jede Frage
und jeder Übermut.
Jedes Hemd.
Jede Regel im Miteinander.
Jedes Bier im Sommerabend.
Jedes Lachen.
Und all das Ungereimte.
Die Lieder.
Die Stunden am Fluss und
das Suchen nach Wegen
aus dem Bisherigen heraus.

Keine Träne
weinte ich vergebens.
Jede hatte ihren Preis und netzt am
Ende meine Lider für das Neue.

Du

Du warst mein Lehrer,
mein Schatten, mein Spiegel.

Du lehrtest mich,
wieder
Frau zu sein.

Wonniglich zu sinken,
liebend zu verschmelzen,
stark und schwach zugleich zu sein.

Haare wallend.
Hände haltend.
Aufsteigend.
Fliegend und
erdend
Zugleich.
Danke.

P.S.
Wir haben uns glücklich gemacht.

Jetzt lernen wir weiter.
Sehen uns nicht,
spüren uns am Firmament.
Ewiglich verbunden.
Auf nah und fern.

Aus und vorbei

Aus.
Vorbei.
Der Wind fegt sie weg,
die schweren Tränen.

An deinem Grabe
trolle ich mich.
Oder du mich.
Du ziehst weiter.
Schickst mich in mein Leben zurück.
Schubst mich. Stupst mich.

Zum Glück.
Rufe ich zum Himmel und
nehme das Neue zaghaft in die Hand.

Meine Sehnsucht
nach Liebe
trägt
mich
durch die Monde
und
lacht jetzt schon die neue Sonne an.

Ich bin es,
die lebt.

Du bist gegangen.
In die Freiheit.
In die Liebe.
Unser Band bleibt.
Lose, frei unendlich. Leicht.

Und.
Ich habe es geschafft.
Die schwere Zeit
lege ich nun ab,
wie einen Mantel oder
klobige Stiefel,
die an meinen Füßen klebten.

Ich bin durch.
Durch das Tal der Trauer.
Durch den dunklen Wald der
zerplatzen Träume und seiner Ernüchterung.
Habe mich gestellt, den dunklen Nächten,
den Enttäuschungen.
Der inneren Verzweiflung.

Bin unerschütterlich geworden.
Wild nach Leben.
Frei wie nie.

Es wird Zeit

Es wird Zeit,
den Tisch neu zu decken.

Das alte Tischtuch hatte Flecken,
vom Tee,
vom Wein
und
von den Tränen.

Lange saß ich hier und sann nach.
Nahm die Krümel hoch und schaute sie an.
Krümel für Krümel.

Jetzt ist es rein.
Das Tischtuch.

Heute

Heute ist kein Tag für Gedichte.
Bis auf eines,
welches der frühe Morgen
auf meine Kissen legte.

Heute klopft der Alltag an allen
Türen und Fenstern.
Es rüttelt, schüttelt.
Fegt durchs Haus und
ruft nach Ordnung.

Wasche Wäsche.
Mein Rücken schmerzt.
Meine Schultern sehnen die Wärme des Sommers.
Ich räume auf.

Heute.
Ist ein Tag für Butterkuchen.
Für Zimt und Honig.

Für die Lieder und den gemeinsamen Ton
von Tür zu Tür.
Für Klee und erste Gänseblümchen.

Jeder Tag hat ein Heute.

Wenn du denkst

Wenn du denkst,
dass ich nur lache,
wenn ich schreibe.
Dann ist das falsch.
Die Worte schwimmen
auf den Tränen,
aufgefangen im angehaltenen Atem.

Anmutig habe ich sie gefüllt,
die Palette
meiner Farben
für Schmerz,
Kummer
und
Liebe.

Geleit.
Verrückt im eigenen Spiegel der Wahrheiten,
erstürmt in all den Sehnsüchten,
den Schattenblicken,
dem Suchen.

Der innere Schmerz zieht uns die Schuhe aus,
doch barfuß lässt es sich leichter tanzen.

Auch im Leben.
Auch in und nach
den Nächten des eigenen Ichs,
findet sich am Morgen
der Morgen.

Und klärt.
Schonungslos.
Bedeutsam.
Liebevoll.
Täglich wieder.

Es sind die Stunden
ohne Uhr.
Zeit mit mir
und
den
Antworten,
die noch keine Fragen haben.

Ein Suchen und Finden.
Ein Offenbaren im Nichts.
Im Sein und Werden.

Still ist das Papier.
Ruhig werde ich.

Wie klares Wasser.
Schaue auf den eigenen Grund.

Die eine Geschichte

Die eine Geschichte
zerbricht das Herz.
Zerreißt die Sehnsucht und Täuschung.
Macht Platz.
Gebiert im nächsten Moment die nächste.

Es ist ein Gehen und Kommen.
Ein Weg,
ein mäandernder Fluss,
ein Berg mit Gipfeln,
die sich Schatten geben,
von Hütte zu Hütte.

Ein Toben und Walken.
Wie Filz.
Ein Seufzen und Streben.

Wie ein Lied,
was noch komponiert werden will.
Wie ein Bild,
was auf die bunten Farben wartet.
Wie ein Buch,
was noch geschrieben werden wird.

Vom Bisher zum Jetzt.
Mehr Tränen
und
Lachen
als jemals zuvor.

Liebe ist das Gen.
Der Kern.
Das Blut in meinen Adern.
Abenteuer im Haar.
Leben in meiner Mitte.

Der Ruf in allen Nächten,
der Klang der Sonnen an den Tagen
dieses dunklen Winters.
Die Lust auf Mond. Und Brot.
Und Küsse und Honig auf meinen Lippen.

Alles darf sein.
Muss sein.

Zur Autorin

Die Autorin und Keynote Speakerin **Barbara Messer** geht ganz nach dem Motto „du sollst nicht langweilen!" durchs Leben. Die Expertin für Wandel, Change und Motivation hat es sich zur Aufgabe gemacht, andere Menschen dabei zu unterstützen, sich und ihr Unternehmen in jeder noch so schwierigen Situation hervorragend und mit viel Motivation zu präsentieren.

Für ihre herausragenden Qualitäten als Rednerin hat Barbara Messer von der *National Speaker Association* (NSA) im Jahre 2018 die höchste internationale Redner Auszeichnung des größten Rednerverbandes der Welt erhalten. Darüber hinaus wurde sie von der GSA (Europas größtem Rednerverband) mit dem *Innovation Award* ausgezeichnet.

In ihren unvergleichlichen und mitreißenden Vorträgen gibt Barbara Messer leicht umsetzbare Tipps, wie es jedem gelingt, die Herausforderungen des Lebens mit viel Mut und Motivation anzugehen. Sie beweist, dass in jeder Veränderung und in jedem Wandel unglaubliche Potenziale stecken, die mithilfe eines Perspektivwechsels wahre Wunder in der Zukunft bewirken können.

Barbara Messer hat Worte für alles, auch für Unsagbares, sie spricht aus, was andere nicht sagen können oder wagen.

Möglicherweise erkunden Sie mit Barbara Messer für sich neue Welten. Auf jeden Fall können Sie neue Perspektiven gewinnen.

Mit diesem Buch legt Barbara Messer ihren zweiten Gedichtband vor. Er ist der Auftakt zu vielen weiteren sehr persönlichen Texten und Werken, die Anregung, Halt und Inspiration für ihre Leserschaft bedeuten.

Kontakt:

Barbara Messer

Hauptstr. 6
19205 Kneese

Mobil: +49 177 4139627

E-Mail: info@barbara-messer.de

Persönliche Homepage: www.barbara-messer.de

Facebook: http://www.facebook.com/Barbara.Messer.33

Danke

Am Ende ist es Zeit für den Dank.

Den unendlichen Dank.

An meine Tochter, die mir beim Umzug und Räumen half und die Zeit des heiligen Abends teilte. Sie ist das größte Geschenk meines Lebens.

An meine Familie für die viele Zeit, die Hilfen, die unvergessliche Nacht auf dem Sofa.

An Andrea, in deren Haus ich immer wieder Frieden fand. In den gemeinsamen Gesprächen über unsere verstorbenen Männer fand ich Lösung, Zukunft, Klarheit, Frieden. Die Zeit an ihrem Tisch, mit ihren Hunden und der schonungslosen Klarheit war und ist so kostbar.

An „meine" Bri, der ich dieses Buch widme. Weil sie einzigartig war und ist. An ihrer Seite habe ich alle Hüllen meines Kummers fallen lassen können, und sie half mir, daraus ein neues Gewand zu machen. Denn das Leben geht weiter.

An Simon, der sagte: „Schreib weiter."

An Monika, die mein digitales Tagebuch war. Und ist.

An Verena, mit der ich mich über Monate traf. Fast täglich. Eine Freundschaft, die sich so viel zeigen und zumuten darf. Kostbar.

An Stefan, der mir für die Zeit der Manuskriptabgabe sein Wohnzimmer mit Ofen überließ und mir immer verständnisvoll zuhörte, wenn die alten Erinnerungen und Geschichten hochkamen. Und der den Honig in mein Leben bringt – die Ahnung von Frühling.

An Miriam. Die einfach weiß, was ich brauche und so herrlich deutlich ist, was Freundschaft wirklich ist. Seit langem. Mit Pellkartoffeln, Quark und Leberkäs. Und Sofaabenden. Und verrückten Ideen.

An Beate. Die wie immer meisterhaft aus losen Worte Bücher zaubert.

An meine beiden Annas, die beiden Frauennestfrauen aus der Schweiz. In den einvernehmlichen Gesprächen über Kummer, Leid, das Leben und die Liebe fanden wir und nähren uns.